BEI GRIN MACHT SICH IHR WISSEN BEZAHLT

AF149419

- Wir veröffentlichen Ihre Hausarbeit,
  Bachelor- und Masterarbeit

- Ihr eigenes eBook und Buch -
  weltweit in allen wichtigen Shops

- Verdienen Sie an jedem Verkauf

Jetzt bei www.GRIN.com hochladen und kostenlos publizieren

Gebhard Deissler

Osterkultur - Temporale Aspekte einer Auferstehungs- und Heilskultur

GRIN Verlag

Bibliografische Information der Deutschen Nationalbibliothek:

Die Deutsche Bibliothek verzeichnet diese Publikation in der Deutschen National-
bibliografie; detaillierte bibliografische Daten sind im Internet über http://dnb.d-
nb.de/ abrufbar.

Dieses Werk sowie alle darin enthaltenen einzelnen Beiträge und Abbildungen
sind urheberrechtlich geschützt. Jede Verwertung, die nicht ausdrücklich vom
Urheberrechtsschutz zugelassen ist, bedarf der vorherigen Zustimmung des Verla-
ges. Das gilt insbesondere für Vervielfältigungen, Bearbeitungen, Übersetzungen,
Mikroverfilmungen, Auswertungen durch Datenbanken und für die Einspeicherung
und Verarbeitung in elektronische Systeme. Alle Rechte, auch die des auszugsweisen
Nachdrucks, der fotomechanischen Wiedergabe (einschließlich Mikrokopie) sowie
der Auswertung durch Datenbanken oder ähnliche Einrichtungen, vorbehalten.

Impressum:

Copyright © 2012 GRIN Verlag GmbH
Druck und Bindung: Books on Demand GmbH, Norderstedt Germany
ISBN: 978-3-656-56637-3

Dieses Buch bei GRIN:

http://www.grin.com/de/e-book/191532/osterkultur-temporale-aspekte-einer-auf-
erstehungs-und-heilskultur

GRIN - Your knowledge has value

Der GRIN Verlag publiziert seit 1998 wissenschaftliche Arbeiten von Studenten, Hochschullehrern und anderen Akademikern als eBook und gedrucktes Buch. Die Verlagswebsite www.grin.com ist die ideale Plattform zur Veröffentlichung von Hausarbeiten, Abschlussarbeiten, wissenschaftlichen Aufsätzen, Dissertationen und Fachbüchern.

Besuchen Sie uns im Internet:

http://www.grin.com/

http://www.facebook.com/grincom

http://www.twitter.com/grin_com

GEBHARD DEISSLER D.E.A./UNIV. PARIS I

OSTERKULTUR

Temporale Aspekte einer

Auferstehungs- und Heilskultur

CULTURE   RESEARCH

KULTUR FORSCHUNG

RECHERCHE CULTURE

BUSQUEDA CULTURAL

RICERCA   CULTURALE

跨文化的智慧精髓

итранскультурная

1

Copyright © Gebhard Deißler 2012

Interkulturelles- u. Transkulturelles Management (German)

Intercultural &Transcultural Management (English)

Gestion Interculturelle et Gestion Transculturelle (French)

Gerencia Intercultural y Gerencia Transcultural (Spanish)

Gerência Intercultural e Gerência Transcultural (Portuguese)

跨文化的智慧精髓 - kua wen hua de zhi hui jing sui (Chinese)

транскультурная компетенция - transkulturnaja kompetencija (Russian)

toransukaruchā　・manējimento (Japanese)
トランスカルチャー　・　マネジメント

Vishua Chaytana (Sanskrit)

ZAKAA AL-TA'ALOF AL-THAQAFEE (Arabic)

OSTERKULTUR

Temporale Aspekte einer

Auferstehungs- und Heilskultur

Feste und Rituale: Kaum sind die Weihnachtsmänner und Nikoläuse von den Regalen der Kaufhäuser und Supermärkte verschwunden, da stehen auch schon die Osterhasen an ihrer Stelle in den Regalen. Das Business kennt keine natürliche Zeiten mehr, alles was sich verkaufen lässt, wird zunehmend im 24 mal 7 mal 360 Takt, das heißt möglichst ununterbrochen, zum alleinigen Zweck der Gewinnmaximierung angeboten. Der biologische, geistige und religiöse Rhythmus dagegen folgt der Schöpfungsordnung des Werdens, Vergehens und des Wiedergeborenwerdens. Die Feste des Jahreskreises sind daher organisch, in Einklang mit der Natur des Menschlichen und seiner geistigen Dimension verbunden. Rituale haben sozialanthropologisch betrachtet insbesondere auch die Funktion der Bestätigung und Konsolidierung einer Ordnung oder einer Gruppenidentität.

Die Zeit: Der Osterzeit ist die Weihnachtszeit und dieser wiederum die Adventszeit mit der Vorbereitung des Menschen auf die Menschwerdung Gottes vorgeschaltet und diese dauert bis Mariä Lichtmess, denn bis der geistige Geburtsprozess all jener, die an diese Geburt des Erlösers glauben, sowie auch jener anderen, die davon mitgeprägt werden, deren Herz, Geist und Körper durchdrungen hat, ist Zeit erforderlich, weil alles Geschaffene mit seinen vitalen Prozessen, insbesondere auch der Mensch, der Zeit unterworfen ist. Die winterlich-weihnachtliche Zeit, die eine Einkehr und In-sich-Kehrung des Menschen, synchron mit dem Ruhen der Natur und ihren Prozessen bewirkt, ist für eine Reflektion über die Zeit, wie auch der Ewigkeit und deren Interdependenz in natürlicher Weise geeignet.

Obschon Ostern vor der Tür steht, möchten wir einen Moment über die Zeit nachdenken, weil sie den Menschen fundamental und vielschichtig bedingt und die wiederkehrenden Festtagsrituale der Zeitdauer Struktur und Sinn verleihen. Sie hat einen Bezug, laut gewisser Neurophysiologen, zur Psyche, im Gegensatz zum Raum, der dem Körper zu entsprechen scheint. Erstere hat einen Bezug zur linken und analytischen, sprachlichen...Gerhirnhemisphäre, letzterer zur rechten, schweigend, synthetisch-intuitiven...

Auch von der Warte der südasiatischen Philosophie betrachtet scheint Zeit, Psyche und Intellekt in einem Bezug zu stehen. Die Sanskrit Begriffe Manas und Buddhi scheinen die hemisphärischen Komplementarität zu reflektieren, wobei der Manas, laut der Kardiologin und Bewusstseinsforscherin Dr. Thérèse Brosse, der linken Hemisphäre zuordenbar wäre. Indes, die Neurophysiologie ist eine vergleichsweise junge Wissenschaft, während die Weisen schon vor Jahrtausenden diesbezüglich Erkenntnis, unter anderem auch im Hinblick auf das Geheimnis der Zeit und ihrer Transzendierung zum Zwecke der Befreiung oder Erlösung aus der Bedingtheit durch die Zeit gesucht haben, denn in deren kulturell-spirituellem Verständnis kann man das Rad der durch das Karma bedingten Wiedergeburten, die durch Ursache-Wirkung Beziehungen im Bereich der Zeitlichkeit gekennzeichnet sind, entrinnen. Transzendierung würde also eschatologisch zur Befreiung führen, weil es dazu tendieren würde, das Schicksalsrad oder das Rad der Wiedergeburten anzuhalten. Psychologisch, etwa im Verständnis des Weisen Krishnamurti, führt die Transzendierung der Zeit und somit des Mentalbereichs, der in der Zeit entstanden ist, zur Dekonditionierung des Menschen, also zur Befreiung von seinem gesamten mentalen Ballast und somit zu einer Form des reinen Bewusstseins; einer höchst denkbaren psychologischen Hygiene. Diese Erlösung des Menschen von innen her geschieht über den psychologischen Sieg über die psychologische Zeit, während die christliche basierte Erlösung als ein Akt der Gnade Gottes ebenso den Sieg über die Zeit involviert und nicht menschliches Verdienst ist. Beide Ansätze suchen das Heil des Menschen, der eine ist vorwiegend anthropozentrisch, der andere eher theozentrisch. New Age Synkretismus sucht bisweilen beide zu amalgamieren, insbesondere im Westen, durch innere Techniken. Doch selbst der Dalai Lama weist jene Wahrheitssucher auf die Erfordernis der vorrangigen Erkenntnis der eigenkulturellen Wege hin.

Aufgrund der oben erwähnten Interdependenz kann die Reflektion der Zeit und die zeitliche Strukturierung des Menschen über zyklische Rituale eine positive Wirkung auf seinen psychischen Zustand haben, sofern die Reflektion konstruktiv ist und die Rituale angemessen gelebt werden. Insofern können die Zeit auf natürliche Weise strukturierende Rituale und Feste, wie beispielsweise die Rituale Weihnachten, Ostern, Himmelfahrt und Pfingsten die seelische Gesundheit fördern, während ihre inhaltlichen Botschaften den Menschen zusätzlich geistig-religiös strukturieren und sein gesamtes Wesen positiv prägen helfen, sodass schließlich eine katholische oder andersreligiöse kulturelle Identität entsteht. Insofern ist die Religion eine maßgebliche Komponente der kulturellen Identität des Menschen und aufgrund ihrer lebenslangen Verstärkung im Wege der zyklischen Rituale ist sie sowohl bis ins Unterbewusstsein hinein tief verankert, als auch hoch emotionalisiert, was die interkulturelle und interreligiöse Herausforderung plausibel und deren scheinbare Irrationalität verständlich macht, wenn auch nicht rechtfertigt, da der Mensch, wie gesagt, durch die tiefere Erkenntnis der Zeit die kulturell-religiöse Konditionierung durchaus zu steuern vermag, statt von ihr gesteuert zu werden.

Die altgriechische Mythologie gibt uns, basierend auf Ch. Hampden-Turner, mit den drei Göttern der Zeit, die drei komplementäre Aspekte der Zeit symbolisieren,

Aufschluss darüber, dass und wie man diese drei Dimensionen der Zeit im Sinne des Menschen synchronisieren kann. Die Zeit der Uhr oder die sequenzielle Zeit (Chronos), die zyklische Zeit der Natur (synchrone Zeit) und deren Konvergenz und Synergie mit der Bedeutung der Erneuerung und der kreativen Zeit (Phanes). - Auch in der chinesischen Kultur sind, laut Ch. Hampden-Turne, die komplementären Aspekte der Zeit in den Begriffen li und ji vorhanden. - Da der dritte mythologische Gott einem Ei entspringt und er für Erneuerung steht, kann er uns sinnfällig an die mit der Osterzeit verknüpften Erneuerungssymbolik des Ostereis erinnern, jene der saisonalen Frühlingszeit, wie auch der inneren.

Chronos vs. Kairos oder sequenziell vs. synchron: Das Business folgt der linearen Zeit der Uhr, sequenziell, seriell, linear und austauschbar (Chronos), während der Mensch der zyklischen Zeit unterworfen ist, die nicht linear, sondern zirkulär oder kreisförmig verläuft, das heißt, dieselben Prozesse wiederholen sich kreisförmig in einem bestimmten Rhythmus (Kairos), wie die kirchlichen Rituale oder der Jahreskreis mit seinen natürlich aufeinander abgestimmten Rhythmen. Der amerikanische Anthropologe Hall unterscheidet einerseits ein monochrones Zeitverständnis, das er kontextarmen Kommunikationsstilen zuordnet, die im linearen Zeitverständnis anzusiedeln sind und bei denen die Menschen es bevorzugen, eine Sache zu einer Zeit zu verrichten und Handlungsketten zu beenden, bevor sie zu neuen übergehen, sowie andererseits ein polychrones Zeitverständnis, ähnlich dem zirkulären, in dem die Menschen mehrere Dinge gleichzeitig verrichten, sowie auch zwischen Beziehungs- und Aufgaben orientierung hin- und herspringen, während dies im monochronen Zeitverständnis tendenziell weniger der Fall ist. Bliebe noch, auf CH. Hampden-Turner basierend, in Ergänzung der beiden durch die mythologischen griechischen Götter personifizierten Zeitkonzeption, der dritte Gott Phanes der griechischen Mythologie hinzuzufügen, der gewissermaßen aus der Synergie von Kairos und Phanes hervorgeht und für Erneuerung steht. Darüber hinaus lässt sich, die Ewigkeit als komplementären Zeitbegriff in Bewusstsein miteinbeziehend, die Integration von

Zeit und Ewigkeit als ewige Gegenwart bezeichnen. Das Leben in der Gegenwart, frei von der Konditionierung durch die Vergangenheit transzendiert die Zeit und tangiert die Ewigkeit: die ewige Gegenwart. Im interkulturellen Kontext lassen sich vergangenheits-, gegenwarts- und zukunftsorientierte Kulturen unterscheiden, wobei die ersteren, z. B. Großbritannien, alles Neue unter dem Blickwinkel historischer Erfahrung und Präzedenzen bewerten und einen entsprechend konservativen Umgang mit Neuem pflegen. Jüngere Kulturen dagegen, z. B. Brasilien, die die Last der Geschichte nicht in diesem Maße verspüren, sind unmittelbarer gegenwartsorientiert und evaluieren Neues unter kurzfristigerem Blickwinkel. Und schließlich planen langfristig orientierte Kulturen, z. B. Japan, in sehr weiten Zeithorizonten voraus. Dieser Grad der Langzeitorientierung der Menschen einer Kultur bedingt ihre Wahrnehmung, Einstellung und Verhalten.

Zwischen den beiden Zeitverständnissen und Zeitmodi, der linearen und der zirkulären Zeit, besteht häufig ein Widerspruch, da die biologischen Rhythmen sich bisweilen nicht ohne weiteres an die abstrakte Zeit der Uhr, die insbesondere mit der industriellen Revolution in die menschliche Zivilisation Einzug gehalten und die natürlicheren Rhythmen vorindustrieller Zeit abgelöst hat, anpassen lassen und somit zu mancherlei Zivilisationskrankheiten führen, weil der Mensch nicht mehr von der inneren und den natürlichen Rhythmen her, sondern vielmehr von der abstrakten, linearen Zeit externer mechanischer Chronometer bestimmt wird. Insofern ist das Zeitverständnis nicht universell, sondern kulturell zu relativieren, in dem Sinne, dass archaischere und Agrargesellschaften eher ein zirkuläres und industrielle Gesellschaften eher ein lineares Zeitverständnis haben.

Indes, die Zeit ist eines der enigmatischsten Phänomene unsres Kosmos. Selbst Einstein konnte es nicht in seiner Gänze und abschließend erfassen. Ob die Zeit ein a Priori ist, oder ob das menschliche Bewusstsein sie schafft ist immer noch eine offene Frage unter Wissenschaftlern. Für die östlichen Religionen ist die Entschlüsselung des Phänomens der Zeit der Weg zur Erleuchtung, weil man mit der

Transzendierung der Zeit, den psychomentalen Speicher transzendiert und somit der Zeit mit den Rhythmen der Wiedergeburt entfliehen und ein Befreiter werden kann. Die Bibel bestätigt die Relevanz der Zeit in den Versen Kohelets über die Zeit: „Alles hat seine Zeit…", vor deren beherrschender Übermacht alles Menschliche nur „Windhauch und Luftgespinst" ist, während sie gleichzeitig ein übergeordnetes strukturierendes Ordnungssystem darstellt.

Shakespeare bestätigt die Bedingtheit des Menschen durch die Zeit in seinem Vers. „Time and tide wait for no one", d .h. „Die Zeit und die Gezeiten warten auf niemand." Und ein Großteil der Industrie lebt vom Kampf des Menschen gegen die Zeit, insbesondere die Industrien der Eitelkeit, die die natürliche geistig-biologische Zeit mit ihren Rhythmen unterlaufen und umgehen möchten. Feste und zeitstrukturierende Rituale weisen uns auf unsere Zeitlichkeit ebenso, wie auf unsere die Zeit transzedierende Dimension hin, insbesondere jene rituellen Feste, die Geburt, Tod, und Auferstehung in besonderer Weise thematisieren. Flieht man vor ihr, so wird man dennoch von ihr eingeholt, wie es die Bibelsinngemäß so nahelegt: „Was ich am meisten befürchtete, kam über mich."

Nun, die Zeit ist also sowohl der unerbittliche Feind des Menschen, als auch, bei tieferem Verständnis, der Weg zu seiner Befreiung, Erleuchtung und Transzendenz, sowie der Weg der geistig-körperlichen Gesundheit. Auch ist es wichtig, zwischen psychologischer und chronologischer Zeit zu unterscheiden, weil insbesondere die psychologische Zeit unsere mentalen Prozesse determiniert, was nicht nur in dem auf Heidegger zurückgehenden Gedächtnis-Antizipationsmodell zum Ausdruck kommt, das besagt, dass sowohl unsere Wahrnehmung, als auch die Antizipation der Zukunft durch den in der Zeit entstandenen Gedächtnisspeicher mit seinen in der Zeit akkumulierten Inhalten bedingt ist. Schließlich ist die Zeit nicht trennbar vom Raum und zeiträumliche Bedingtheit des Menschen führt insbesondere auch zu seiner kulturellen Bedingtheit, die der Menschheit im Zeitalter der Globalisierung mit dem Aufeinanderprallen aller zeit-räumlich kulturell relativen Bewohner der Erde in der Gestalt von Kultur- und Religionskonflikten zu schaffen macht.

Rhythmus: Der moderne Mensch bedarf für die Erhaltung seiner natürlichen geistig körperlichen Integrität der natürlichen Zeitgestaltung durch die religiösen und saisonalen Feste und Rituale, die seine natürlichen Rhythmen stützen, während die artifiziellen, zeitlosen Rhythmen der Technik und des globalen Business seine natürlichen geistig-biologischen Rhythmen eher störend beeinträchtigen. Die durch die globalen Medien und Kommunikationstechnologien bedingte Kollabierung von Raum und Zeit bedarf eines die natürlichen Zeiten und Rhythmen des Menschen bestärkenden Gegengewichtes.

Alles ist Rhythmus, vom subatomaren bis zu makrokosmischen Bereich, vom ersten Herzschlag und Einatmen bis zum letzten Ausatmen und Herzschlag. Werden die Rhythmen zu sehr beeinträchtigt so entstehen mehr oder weniger reversible Anomalien. Bleibt der Mensch aber zu sehr auf diese motorischen Ströme, die vom unwillkürlichen Nervensystem gesteuert werden, fixiert, so können auch Anomalien entstehen. Sowohl in Japan, als auch in Indien weiß man um die Gefahren der willkürlichen Interferenz in die motorischen Ströme, insbesondere in der Gestalt der Atemtechniken, weil man im Zen und südasiatischen Yogasystemen umfassende historische Erfahrung damit gesammelt hat. Zembyo heißt der Tod der Zenmöche, der mit dem Atemtechnik basierten Zen einhergeht. Sogar manche östliche Gurus mahnen: Finger weg davon! Im Westen versucht man in gefährlicher Unwissenheit derlei Techniken sogar mit ekklesiastischer Sanktionierung zu imitieren.

Man sieht, dass lebensbedingende fundamentale Rhythmen, die von der biologischen Intelligenz und vom extrapyramidalen Nervensystem gesteuert werden, die sich über die ganze Evolution hin entwickelt haben, nur unter Gefahren willentlich manipuliert werden können und sei es für die vermeintliche Veredelung des Menschen. Zumindest braucht man einen wahren Adepten und Lehrer dafür. In Asien bedeutet dies soviel wie ein ganzes Leben währende Erfahrung und Expertise und keine Wochenendseminare, selbst über Jahre, wie es im Westen häufig business-orientiert praktiziert wird.

Rhythmus als zeitstrukturierendes Phänomen ist also ebenso fundamental und mehrschichtig wie die Zeit selbst. Er bedingt das Leben selbst, während er von neuzeitlichen Zauberlehrlingen unter Gefahren beeinträchtigt wird. Auch Interferenzen mit natürlichen biologischen Rhythmen, wie beispielsweise in der Gestalt der Geburtenkontrolle durch verschiedene Techniken scheinen insbesondere die Frau aus ihrer natürlichen schöpfungskonformen Funktion herauszulösen und sie zu einem Lustobjekt zu degradieren – und dies mit unbekannten Konsequenzen in demographisch-kultureller Hinsicht und für die menschliche Gattung schlechthin. Wo immer man in Rhythmen eingreift, greift man in das Leben per se ein, weil dieses als Rhythmus erscheint.

Kommen wir nach dieser Reflektion über die Zeit und ihrer Rhythmisierung, sowie ihrer kulturellen Bedingtheit, zu den rhythmischen Ritualen des Jahreskreises zurück. Wenn der die Zeit konstituierende und gestaltende Rhythmus eine derartige Bedeutung in der Natur des Menschen und der Umwelt hat, dann kann man mit Fug und Recht annehmen, dass der Rhythmus der Feste und Rituale des Jahreskreises eine ähnlich sinnstiftende Bedeutung für den Menschen, sowohl geistig, als auch insgesamt hat: Prozesse, die rhythmisch, in einer gegebenen Regelmäßigkeit stattfinden, haben eine strukturierende Wirkung auf den Menschen, während sie eine geistige und körperliche Kontinuität bewirken und somit Sicherheit, Planbarkeit und Verlässlichkeit inbezug auf die inhärente Unsicherheit, die mit der Zeit, insbesondere der Zukunft, einhergeht.

Natürlich wird diese heilsame Wirkung der rhythmisierten Feste und Rituale noch verstärkt, wenn sie die Transzendenz miteinbeziehen und somit dem Menschen nicht nur geistige-körperliche, sondern darüber hinaus auch spirituelle Nahrung geben. Sie tangieren die Gesamtheit des Menschen und haben somit nachhaltige spirituell, geistig-körperliche Wirkung.

Während Gott in der Gestalt von Jesus Christus an Weihnachten in die Zeit, i.e. die menschliche Geschichte eintritt und in die Tiefen des Zeitlichen-Menschlichen hinabsteigt, beginnend mit der Geburt in einem Stall in Bethlehem und mit seinen Verstrickungen im Zeitlichen des Menschen, die ihn aus ihrer Zeit verbannen und vertreiben wollen, ja ihm sogar die Geburt in der Zeit verwehren wollen, da er eine andere zeitliche Ordnung, nämlich die der Transzendenz und Ewigkeit verkörpert, welche die Gesetze des menschlichen Zeit relativiert. Und schließlich sprengt er durch die Auferstehung an Ostern sogar die Fesseln der Zeit und somit des Todes.

Christus, so könnte man sagen, vollzieht eine Gradwanderung zwischen der Immanenz und Transzendenz, zwischen menschlicher Zeit und Ewigkeit: Er kommt aus der Transzendenz der Ewigkeit des Vater in die relative Zeit und kehrt zu ihm nach Vollendung seiner Heilsmission zurück. Die Erlösung des Menschen besteht in der Rückverbindung der relativen Zeitlichkeit des Menschen mit der absoluten Transzendenz der Ewigkeit des Vaters. Jesus entzieht sich der menschlichen Zeitlichkeit, um in einer 4o-tägigen Fastenzeit in die göttliche Zeit einzutauchen, der glorreiche Einzug in Jerusalem, der mit dem grausamen Kreuzestod endet, gefolgt von Auferstehung, Himmelfahrt und Ausgießung des Heiligen Geistes, sowie seine Erscheinungen nach der Auferstehung sind ein rhythmisierte Bewegung zwischen Immanenz und Transzendenz, Zeit und Ewigkeit, deren Aussöhnung im Wege der Erlösung von der Zeitlichkeit seine Mission ist.

Das Erlösungswerk Gottes im Heilsgeschehen, das von den rhythmisierten Ritualen Weihnachten und Ostern flankiert wird und die zwei maßgebliche, tragende Säulen im göttlichen Heilsplan verkörpern, kann und sollte zu der fundamentalen Kategorie der alles beherrschen zu scheinenden Zeit in Beziehung gesetzt werden. Die beiden Feste sind ein Rendezvous mit der Zeit, doch von einer diese transzendierenden Art, denn das epochale Rendezvous mit der Zeit führt zur Erlösung des Menschen von der Bedingtheit durch die Zeit, psychologisch, spirituell und physisch. Doch und das unterscheidet einige östliche Religionen wie z.B. den Buddhismus von Christentum, der die Schöpfung als eine Art zu überwindendes Hindernis inbezug auf seine Befreiung betrachtet, heiligt die Geburt des Erlösers in der Zeit auch die Zeitlichkeit der Schöpfung, während insbesondre Ostern die definitive Überwindung des Zeitlichen nicht nur symbolisiert, sondern vollzieht.

Warum ist diese für den Menschen konsolidierende Funktion alljährlich wiederkehrender Rituale von unermesslicher, unergründlicher und unfassbarer Bedeutung für das Menschsein? Das ganze Erlösungswerk ist auf die Schöpfung und insbesondere auf den Menschen bezogen. Der Mensch als Ebenbild Gottes, partizipiert mit seiner geistigen Natur am Heilsgeschehen. Die Geburt Christi leitet ebenso oder sollte die individuelle und kollektive Transformation der Zeit des Menschen einleiten. Es handelt sich aufgrund der im Menschen potenziell angelegten doppelten menschlich-göttlichen Natur um eine Synchronizität des Geschehens im göttlichen und menschlichen Bereich. Die Schranken von Zeit und Raum werden im Ritual gewissermaßen überwunden und ein Metamorphosis des Menschen vom alten Adam zum neunen Menschen wird ermöglicht. Aufgrund der menschlichen Schwäche, die nicht zuletzt ein Ausfluss der Erbsünde ist, bleibt der Mensch dem Zeitlichen aber dennoch, je nach Geschöpf, in diversen Graden verhaftet und es ist eine alljährliche Neuinszenierung des immanenten-transzendenten Rituals erforderlich, um den neuen Menschen stets aufs Neue geboren werden zu lassen.

Betrachtet man den Jahreskreis der Feste und Rituale, so erkennt man, dass nach der Teilnahme und Teilhabe an der Transformation vom alten Adam zum neuen Menschen, der nun aufgrund der Eintritts Gottes in die Zeit und somit durch die Konsekration des Zeitlichen, nicht mehr in demselben Maß ein Sklave der Gesetze des Zeitlichen ist, so wird durch die auf Weihnachten folgende Faschingszeit mit deren Exzessen und unbewussten Prozessen im Menschlichen, denen die Karnevalsfeiern, Festlichkeiten und Umzügen Ausdruck verleihen, deutlich, wie sehr der alte Adam noch im Menschen fortbesteht. In diesem Sinne ist die darauffolgende Zeit der Buse und Umkehr der Fastenzeit als eine Läuterung von der immer noch vorhanden Natur des alten Adam zu sehen, um sich auf die definitive Befreiung von der Zeitlichkeit durch das Ostergeheimnis vorzubereiten. Hier werden die Fesseln der Zeit unumkehrbar gesprengt. Die Transzendenz wird nun zum beherrschenden Prinzip des Zeitlichen. Mit diesem eschatologischen Schlüsselerlebnis, das als Ritual rhythmisiert alljährlich inszeniert und weit mehr als symbolischen und Gedenkcharakter hat, da das Göttliche und das Menschliche entsprechend dem Geist des Gläubigen in einer Symbiose sind, tritt eine Umkehrung des Kräftegleichgewichts zwischen der Zeit und der Ewigkeit ein. Durch den Sieg über die Zeit mit der Auferstehung, die daher zurecht den Dreh- und Angelpunkt des christlichen Glaubens bildet, hat der Mensch auch potentiell teil an dem von Christus durch sein Erlösungswerk auf Geheiß des Vaters errungenen Sieg über Zeit und Tod und erwirbt sich durch das einschneidendste Ereignis in der Geschichte des Menschen die Perspektive auf ein alle Zeit und Zeiten transzendierendes ewiges Leben, wozu die rhythmisierte Inszenierung des Rituals unter dem Blickwinkel seiner Tiefenbedeutung beiträgt. Ostern wird daher durch der Metapher des Lichtes als Überwindung von Dunkelheit und Tod beschrieben. Die Transzendenz wird in den rituellen Festen mit Tiefenbedeutung, der Himmelfahrt und des Pfingstfestes weiterhin konsolidiert und die Herrschaft des Geistes, des Lichtes und des Lebens über das Materielle, die Dunkelheit und den Tod weiterhin unterstrichen.

Nun befindet sich der Mensch in einer steten Verbindung mit seinem Gott im Heiligen Geist, die die Position des neuen Menschen in der geistig-göttlichen Gemeinschaft besiegelt. Fortan ist es die Aufgabe des Menschen, den unermesslich kostbaren Schatz, den das Erlösungswerk Gottes für ihn erworben hat, nie mehr dem Zeitlichen preiszugeben, sondern damit seine Anwartschaft auf die Ewigkeit und seine definitive Erlösung und Rückkehr ins Vaterhaus zu erwirken.

Kann der Mensch in diesem Geist leben, so lebt er in einer alles Kulturelle, das zeitlicher Natur ist, immanenten-transzendenten Auferstehungskultur, die alle zeitlichen Kulturen zu integrieren und zu beherrschen vermag, da die Transzendenz ihre zeit-rämlich relativ manifestierte Diversität im Schöpfer selbst vereint. In diesem Sinne ist der Entwicklung und Förderung einer Auferstehungskultur persönliches und interkulturelles Management höchster Ordnung.

Weihnachten und Ostern sind eine rhythmische Alternierung von zwei voneinander untrennbaren Formen der Geburt, jene der Geburt der Ewigkeit in die Zeit hinein und die Wiedergeburt der Zeit in der Herrlichkeit der Ewigkeit. Sie bilden einen rhythmisierten interdependenten zeitlichen Kreislauf, den die Riten des Jahreskreises zum Zweck der Einbindung des Menschen in diesen Heilskreislauf zu erfassen suchen.